鄧小平
論香港問題
（第二版）

U0107015

三聯書店（香港）有限公司

目錄

我們對香港問題的基本立場 [*]

（一九八二年九月二十四日）

我們對香港問題 [1] 的基本立場是明確的，這裏主要有三個問題。一個是主權問題；再一個問題，是一九九七年後中國採取什麼方式來管理香港，繼續保持香港繁榮；第三個問題，是中國和英國兩國政府要妥善商談如何使香港從現在到一九九七年的十五年中不出現大的波動。

關於主權問題，中國在這個問題上沒有回旋餘地。坦率地講，主權問題不是一個可以討論的問題。現在時機已經成熟了，應該明確肯定：一九九七年中國將收回香港。就是說，中國要收回的不僅是新界，而且包括香港島、九龍 [2]。中國和英國就是在這個前提下來進行談判，商討解決香港問題的方式和辦法。如果中國在一九九七年，也就是中華人民共和國成立四十八年後還不把香港收回，任何一個中國領導人和政府都不能向

---

* 這是鄧小平會見英國首相撒切爾夫人時的談話。

中國人民交代，甚至也不能向世界人民交代。如果不收回，就意味着中國政府是晚清政府，中國領導人是李鴻章 [3]！我們等待了三十三年，再加上十五年，就是四十八年，我們是在人民充分信賴的基礎上才能如此長期等待的。如果十五年後還不收回，人民就沒有理由信任我們，任何中國政府都應該下野，自動退出政治舞台，沒有別的選擇。所以，現在，當然不是今天，但也不遲於一、二年的時間，中國就要正式宣佈收回香港這個決策。我們可以再等一、二年宣佈，但肯定不能拖延更長的時間了。

中國宣佈這個決策，從大的方面來講，對英國也是有利的，因為這意味着屆時英國將徹底地結束殖民統治時代，在世界公論面前會得到好評。所以英國政府應該贊成中國的這個決策。中英兩國應該合作，共同來處理好香港問題。

保持香港的繁榮，我們希望取得英國的合作，但這不是說，香港繼續保持繁榮必須在英國的管轄之下才能實現。香港繼續保持繁榮，根本上取決於中國收回香港後，在中國的管轄之下，實行適合於香港的政策。香港現行的政治、經濟制度，甚至大部分法律都可以保留，當然，有些要加以改革。香港仍將實行資本主義，現行的許多適合的制度要保持。我們要同香港各界人士廣泛交換意見，制定我們在十五年中的方針政策以及十五年後的方針政策。這些方針政策應該不僅是香港人民可以接受的，而且在香港的其他投資者首先是英國也能夠接受，因為對他們也有好處。我們希望中英兩國政府就此進行友好的磋商，我們將非常高興地聽取英國政府對我們提出的建議。這些都需要時間。為什麼還要等一、二年才正式宣佈收回香港呢？就是希望在這段時間裏同各方面進行磋商。

現在人們議論最多的是，如果香港不能繼續保持繁榮，就會影響中國的四化建設。我認為，影響不能說沒有，但說會在很大程度上影響中國的建設，這個估計不正確。如果中國把四化建設能否實現放在香港是否繁榮上，那末這個決策本身就是不正確的。人們還議論香港外資撤走的問題。只要我們的政策適當，走了還會回來的。所以，我們在宣佈一九九七年收回香港的同時，還要宣佈一九九七年後香港所實行的制度和政策。

至於說一旦中國宣佈一九九七年要收回香港，香港就可能發生波動，我的看法是小波動不可避免，如果中英兩國抱着合作的態度來解決這個問題，就能避免大的波動。我還要告訴夫人，中國政府在做出這個決策的時候，各種可能都估計到了。我們還考慮了我們不願意考慮的一個問題，就是如果在十五年的過渡時期內香港發生嚴重的波動，怎麼辦？那時，中國政府將被迫不得

不對收回的時間和方式另作考慮。如果說宣佈要收回
香港就會像夫人說的"帶來災難性的影響",那我們要
勇敢地面對這個災難,做出決策。希望從夫人這次訪問
開始,兩國政府官員通過外交途徑進行很好的磋商,討
論如何避免這種災難。我相信我們會制定出收回香港後
應該實行的、能為各方面所接受的政策。我不擔心這一
點。我擔心的是今後十五年過渡時期如何過渡好,擔心
在這個時期中會出現很大的混亂,而且這些混亂是人為
的。這當中不光有外國人,也有中國人,而主要的是英
國人。製造混亂是很容易的。我們進行磋商就是要解決
這個問題。不單單是兩國政府,而且包括政府要約束廠
商及各行各業,不要做妨礙香港繁榮的事。不僅在這
十五年的過渡時期內香港不要發生大的波動,一九九七
年中國接管以後還要管理得更好。

我們建議達成這樣一個協議,即雙方同意通過外交
途徑開始進行香港問題的磋商。前提是一九九七年中國
收回香港,在這個基礎上磋商解決今後十五年怎樣過渡
得好以及十五年以後香港怎麼辦的問題。

一個國家，兩種制度 [*]

（一九八四年六月二十二日、二十三日）

　　中國政府為解決香港問題所採取的立場、方針、政策是堅定不移的。我們多次講過，我國政府在一九九七年恢復行使對香港的主權後，香港現行的社會、經濟制度不變，法律基本不變，生活方式不變，香港自由港的地位和國際貿易、金融中心的地位也不變，香港可以繼續同其他國家和地區保持和發展經濟關係。我們還多次講過，北京除了派軍隊以外，不向香港特區政府派出幹部，這也是不會改變的。我們派軍隊是為了維護國家的安全，而不是去干預香港的內部事務。我們對香港的政策五十年不變，我們說這個話是算數的。

　　我們的政策是實行"一個國家，兩種制度"，具體說，就是在中華人民共和國內，十億人口的大陸實行社會主義制度，香港、台灣實行資本主義制度。近幾年來，中國一直在克服"左"的錯誤，堅持從實際出發，

---

*　這是鄧小平分別會見香港工商界訪京團和香港知名人士鍾士元等的談話要點。

5

實事求是,來制定各方面工作的政策。經過五年半,現在已經見效了。正是在這種情況下,我們才提出用"一個國家,兩種制度"的辦法來解決香港和台灣問題。

"一個國家,兩種制度",我們已經講了很多次了,全國人民代表大會已經通過了這個政策。有人擔心這個政策會不會變,我說不會變。核心的問題,決定的因素,是這個政策對不對。如果不對,就可能變。如果是對的,就變不了。進一步說,中國現在實行對外開放、對內搞活經濟的政策,有誰改得了?如果改了,中國百分之八十的人的生活就要下降,我們就會喪失人心。我們的路走對了,人民贊成,就變不了。

我們對香港的政策長期不變,影響不了大陸的社會主義。中國的主體必須是社會主義,但允許國內某些區域實行資本主義制度,比如香港、台灣。大陸開放一些城市,允許一些外資進入,這是作為社會主義經濟的補充,有利於社會主義社會生產力的發展。比如外資到上海去,當然不是整個上海都實行資本主義制度。深圳也不是,還是實行社會主義制度。中國的主體是社會主義。

"一個國家,兩種制度"的構想是我們根據中國自己的情況提出來的,而現在已經成為國際上注意的問題了。中國有香港、台灣問題,解決這個問題的出路何在呢？是社會主義吞掉台灣，還是台灣宣揚的"三民主義"吞掉大陸？誰也不好吞掉誰。如果不能和平解決，只有用武力解決，這對各方都是不利的。實現國家統一是民族的願望，一百年不統一，一千年也要統一的。怎麼解決這個問題，我看只有實行"一個國家，兩種制度"。世界上一系列爭端都面臨着用和平方式來解決還是用非和平方式來解決的問題。總得找出個辦法來，新問題就得用新辦法來解決。香港問題的成功解決，這個事例可能為國際上許多問題的解決提供一些有益的綫索。從世界歷史來看，有哪個政府制定過我們這麼開明的政策？從資本主義歷史看，從西方國家看，有哪一個國家這麼做過？我們採取"一個國家，兩種制度"的辦法解決香港問題，不是一時的感情衝動，也不是玩弄手法，完全是從實際出發的，是充分照顧到香港的歷史和現實情況的。

要相信香港的中國人能治理好香港。不相信中國人有能力管好香港，這是老殖民主義遺留下來的思想狀態。鴉片戰爭[4]以來的一個多世紀裏，外國人看不起中國人，侮辱中國人。中華人民共和國建立後，改變了中國的形象。中國今天的形象，不是晚清政府、不是北洋軍閥、也不是蔣氏父子[5]創造出來的。是中華人民共和國改變了中國的形象。凡是中華兒女，不管穿什麼服裝，不管是什麼立場，起碼都有中華民族的自豪感。香港人也是有這種民族自豪感的。香港人是能治理好香港的，要有這個自信心。香港過去的繁榮，主要是以中國人為主體的香港人幹出來的。中國人的智力不比外國人差，中國人不是低能的，不要總以為只有外國人才幹得好。要相信我們中國人自己是能幹得好的。所謂香港人沒有信心，這不是香港人的真正意見。目前中英談判的內容還沒有公佈，很多香港人對中央政府的政策不了解，他們一旦真正了解了，是會完全有信心的。我們對解決香港問題所採取的政策，是國務院總理在第六屆全國人民代表大會第二次會議的政府工作報告中宣佈的，是經大會通過的，是很嚴肅的事。如果現在還有人談信心問題，對中華人民共和國、對中國政府沒有信任感，那末，其他一切都談不上了。我們相信香港人能治理好香港，不能繼續讓外國人統治，否則香港人也是決不會答應的。

港人治港有個界綫和標準，就是必須由以愛國者為主體的港人來治理香港。未來香港特區政府的主要成分是愛國者，當然也要容納別的人，還可以聘請外國人當顧問。什麼叫愛國者？愛國者的標準是，尊重自己民族，誠心誠意擁護祖國恢復行使對香港的主權，不損害香港的繁榮和穩定。只要具備這些條件，不管他們相信資本主義，還是相信封建主義，甚至相信奴隸主義，都是愛國者。我們不要求他們都贊成中國的社會主義制度，只要求他們愛祖國，愛香港。

到一九九七年還有十三年，從現在起要逐步解決好過渡時期問題。在過渡時期中，一是不要出現大的波動、大的曲折，保持香港繁榮和穩定；二是要創造條件，使香港人能順利地接管政府。香港各界人士要為此作出努力。

我們非常關注
香港的過渡時期 *

（一九八四年七月三十一日）

"一個國家，兩種制度"的構想不是今天形成的，而是幾年以前，主要是在我們黨的十一屆三中全會以後形成的。這個構想是從中國解決台灣問題和香港問題出發的。十億人口大陸的社會主義制度是不會改變的，永遠不會改變。但是，根據香港和台灣的歷史和實際情況，不保證香港和台灣繼續實行資本主義制度，就不能保持它們的繁榮和穩定，也不能和平解決祖國統一問題。因此，我們在香港問題上，首先提出要保證其現行的資本主義制度和生活方式，在一九九七年後五十年不變。

坦率地說，在香港問題上，我們非常關注十三年過渡時期，只要過渡時期安排好了，我們並不擔心一九九七年後的事情。我們希望香港在過渡時期內，不

---

* 這是鄧小平會見英國外交大臣傑弗里·豪時談話的一部分。

要出現以下幾種情況。

第一，希望不要出現動搖港幣地位的情況。港幣發行量究竟多少？港幣信譽好是因為儲備金雄厚，多於發行量，不能改變這種狀態。

第二，我們同意可以批出一九九七年後五十年內的土地契約，而且同意港英政府可以動用這種賣地收入，但希望用於香港的基本建設和土地開發，而不是用作行政開支。

第三，希望港英政府不要隨意增加人員和薪金、退休金金額，那將會增加將來特別行政區政府的負擔。

第四，希望港英政府不要在過渡時期中自搞一套班子，將來強加於香港特別行政區政府。

第五，希望港英政府勸說有關方面的人不要讓英資帶頭轉走資金。

我們希望過渡時期不出現問題，但必須準備可能會出現一些不以我們意志為轉移的問題。今後中英兩國要更好地合作。

現在中英兩國政府關於香港問題的會談基本上達成一致了。我很有信心，"一個國家，兩種制度"是能夠行得通的。這件事情會在國際上引起很好的反應，而且為世界各國提供國家間解決歷史遺留問題的一個範例。我們提出"一個國家，兩種制度"的構想，也考慮到解決國際爭端應該採取什麼辦法。因為世界上這裏那裏有很多疙瘩，很難解開。我認為有些國際爭端用這種辦法解決是可能的。我們就是要找出一個能為各方所接受的方式，使問題得到解決。過去，好多爭端爆發了，引起武力衝突。假如能夠採取合情合理的辦法，就可以消除爆發點，穩定國際局勢。

保持香港的繁榮和穩定 *

(一九八四年十月三日)

　　你們這麼多人回來觀禮，我非常高興，我看香港一
定有希望。這次回來觀禮的，各行各業各界人士都有，
各種不同政治觀點的人也都來了。這說明大家都贊成中
國恢復對香港行使主權，贊成中英兩國政府所達成的
協議 [6] 的內容。這就是說，我們有了一個共同的大前
提，一個共同的目標，就是愛祖國，愛香港，在今後
十三年和十三年以後保持香港的繁榮和穩定。大家共同
努力，這個目標肯定可以實現。一九九七年以後，在座
的六七十歲的人，那時精力就差些了，但在座的有很多
年輕人，年輕人有優勢。就我個人來說，我願意活到
一九九七年，親眼看到中國對香港恢復行使主權。

　　現在有些人就是擔心我們這些人不在了，政策會
變。感謝大家對我們這些老頭子的信任。今天我要告訴
大家，我們的政策不會變，誰也變不了。因為這些政策

_____

＊　這是鄧小平會見港澳同胞國慶觀禮團時談話的主要部分。

見效、對頭，人民都擁護。既然是人民擁護，誰要變人民就會反對。聯合聲明確定的內容肯定是不會變的。我們中央政府、中共中央即使在過去的動亂年代，在國際上說話也是算數的。講信義是我們民族的傳統，不是我們這一代才有的。這也體現出我們古老大國的風度，泱泱大國嘛。作為一個大國有自己的尊嚴，有自己遵循的準則。我們在協議中說五十年不變，就是五十年不變。我們這一代不會變，下一代也不會變。到了五十年以後，大陸發展起來了，那時還會小裏小氣地處理這些問題嗎？所以不要擔心變，變不了。再說變也並不都是壞事，有的變是好事，問題是變什麼。中國收回香港不就是一種變嗎？所以不要籠統地說怕變。如果有什麼要變，一定是變得更好，更有利於香港的繁榮和發展，而不會損害香港人的利益。這種變是值得大家歡迎的。如果有人說什麼都不變，你們不要相信。我們總不能講香港資本主義制度下的所有方式都是完美無缺的吧？即使資本主義發達國家之間相互比較起來也各有優缺點。把香港引導到更健康的方面，不也是變嗎？向這樣的方面發展變化，香港人是會歡迎的，香港人自己會要求變，這是確定無疑的。我們也在變。最大的不變是社會主義制度不變，而“一國兩制”就是大變，農村政策就是大變。過幾天我們要開中央全會，討論城市改革，城市改革也是變，是翻天覆地的變化。問題是變好還是變壞。不要拒絕變，拒絕變化就不能進步。這是個思想方法問題。

再一個是有些人擔心干預。不能籠統地擔心干預，有些干預是必要的。要看這些干預是有利於香港人的利益，有利於香港的繁榮和穩定，還是損害香港人的利益，損害香港的繁榮和穩定。現在看起來，香港從現在到一九九七年會有秩序地度過十三年，十三年之後，會有秩序地度過五十年。這我是有信心的。但切不要以為沒有破壞力量。這種破壞力量可能來自這個方面，也可能來自那個方面。如果發生動亂，中央政府就要加以干預。由亂變治，這樣的干預應該歡迎還是應該拒絕？應該歡迎。所以事物都要加以具體分析。我還講過十三年的過渡時期參與的問題，參與也是一種干預，當然這個參與不是北京方面參與，而是香港人參與，中央政府支持香港人參與。不能設想，到了一九九七年六月三十日，一夜之間換一套人馬。如果那樣，新班子換上來，什麼都不熟悉，不就會造成動亂嗎？即使不造成動亂，也會造成混亂。在過渡時期後半段的六七年內，要由各行各業推薦一批年輕能幹的人參與香港政府的管理，甚至包括金融方面。不參與不行，不參與不熟悉情況。在參與過程中，就有機會發現、選擇人才，以便於管理一九九七年以後的香港。參與者的條件只有一個，就是愛國者，也就是愛祖國、愛香港的人。一九九七年後在香港執政的人還是搞資本主義制度，但他們不做損害祖國利益的事，也不做損害香港同胞利益的事。所以不能籠統地反對參與，也不能籠統地反對干預。港人治港不會變。由香港人推選出來管理香港的人，由中央政府委任，而不是由北京派出。選擇這種人，左翼的當然要有，盡量少些，也要有點右的人，最好多選些中間的人。這樣，各方面人的心情會舒暢一些。處理這些問題，中央政府從大處着眼，不會拘泥於小節。

一個是怕變，一個是怕干預，還怕什麼？有人說怕亂。亂就得干預，不只中央政府要干預，香港人也要干預。總會有人搗亂的，但決不要使他們成氣候。

我跟英國人談的時候，也講了在過渡時期希望不要出現的幾個問題。一個是英資帶頭往外撤，一個是港幣發生大的波動。如果儲備金用盡，港幣貶值，就會發生動亂。過渡時期我們不過問儲備金行嗎？還有一個土地問題，如果把土地賣光用於行政開支，把負擔轉嫁給一九九七年以後的香港政府，不干預行嗎？我給英國人講了五條，他們表示願意採取合作的態度。

我講過中國有權在香港駐軍。我說，除了在香港駐軍外，中國還有什麼能夠體現對香港行使主權呢？在香港駐軍還有一個作用，可以防止動亂。那些想搞動亂的人，知道香港有中國軍隊，他就要考慮。即使有了動亂，也能及時解決。

對於中英聯合聲明，我們不僅相信我們自己會遵守，也相信英國人會遵守，更相信香港同胞會遵守。但是應該想到，總會有些人不打算徹底執行。某種動亂的因素，搞亂的因素，不安定的因素，是會有的。老實說，這樣的因素不會來自北京，卻不能排除存在於香港內部，也不能排除來自某種國際力量。國際上對聯合聲明反應還是好的。要說變，人們議論的總是北京方面政策會不會變，沒有想到其他方面會不會發生變。只要香港同胞團結起來，選擇好的政治人物來管理香港，就不怕變，就可以防止亂。即使發生亂，也不會大，也容易解決。

一九九七年以後，台灣在香港的機構仍然可以存在，他們可以宣傳"三民主義"，也可以罵共產黨，我們不怕他們罵，共產黨是罵不倒的。但是在行動上要注意不能在香港製造混亂，不能搞"兩個中國"。他們都是中國人，我們相信，他們會站在我們民族的立場，維護民族的大局，民族的尊嚴。在這樣的基礎上，進行他們的活動，進行他們的宣傳，在香港這種情況下是允許的。

　　總之，協議簽訂後會遇到很多新情況。我們過去講過，要了解新情況，解決新問題，這就是新情況、新問題。坦率地講，將來會出現什麼問題，我們也不清楚，但問題出現了我們會合情合理地處理。上面講的這些意見，請大家回去後，向香港各行各業五百萬人做點解釋工作。

　　我希望港澳同胞多到全國各地走一走，看看國家的面貌，看看國家的變化。我們不是有個口號叫"中華民族大團結萬歲"嗎？只要站在民族的立場上，維護民族的大局，不管抱什麼政治觀點，包括罵共產黨的人，都要大團結。希望香港同胞團結一致，共同努力，維護香港的繁榮和穩定，為一九九七年政權順利移交作出貢獻。

在中央顧問委員會
第三次全體會議上的講話

（一九八四年十月二十二日）

我覺得現在我們的中央是個成熟的中央，各種問題都處理得比較妥善，有條不紊。現在外國報刊都是講我在裏邊起了什麼作用。有作用，主意出了一點，但主要的工作，繁重的事情，是別的同志做的。比如《關於經濟體制改革的決定》[7]，前天中央委員會通過這個決定的時候我講了幾句話，我說我的印象是寫出了一個政治經濟學的初稿，是馬克思主義基本原理和中國社會主義實踐相結合的政治經濟學，我是這麼個評價。這兩天國內外對這個決定反應很強烈，都說是有歷史意義的。這個文件，我沒有寫一個字，沒有改一個字，但確實很好。實際情況就是這樣。所以，不要宣揚我起的作用有什麼特別了不起，因為宣揚過分會帶來一個問題，就是說，鄧某人不在了政策要變。現在國際上就擔心這個問題嘛。

我們要向世界說明，我們現在制定的這些方針、政策、戰略，誰也變不了。為什麼？因為實踐證明現在的政策是正確的，是行之有效的。人民生活確實好起來了，國家興旺發達起來了，國際信譽高起來了，這是最大的事情。改變現在的政策，國家要受損失，人民要受損失，人民不會贊成，首先是八億農民不會贊成。農村政策一變，他們的生活水平馬上就會降低。現在農村還有幾千萬人溫飽問題沒有完全解決，不過也比過去好多了。畢竟全國絕大多數地方好起來了，國家可以騰出手來幫助少數貧困地方發展起來。中央對此已有部署。不僅是國家，還有那些好起來了的地方也可以幫助，問題不難解決。所以，從我們自己的實踐看，不但我們這一代不能變，下一代，下幾代，都不能變，變不了。

最近時期，我總跟外賓談變不了，我們現行政策的連續性是可靠的。不過，他們還不大相信。這是個很大的問題，我是意識到這個問題的。所以，我的工作方法是盡量少做工作。它的好處就是：第一，可以多活幾歲。第二，讓年輕一些的同志多做工作，他們精力充沛，比我做得更好。我希望逐步過渡到完全不做工作但身體還是好的，那樣我就完成任務了。現在看來還得做點事。去年我只做了一件事：打擊刑事犯罪分子。今年做了兩件事：一件是進一步開放沿海十四個城市 [8]，還有一件是用"一國兩制"的方式解決香港問題。其他事都是別人做的。

　　"一國兩制"是從中國的實際提出的，中國面臨一個香港問題，一個台灣問題。解決問題只有兩個方式：一個是談判方式，一個是武力方式。用和平談判的方式來解決，總要各方都能接受，香港問題就要中國和英國，加上香港居民都能接受。什麼方案各方都能接受呢？就香港來説，用社會主義去改變香港，就不是各方都能接受的。所以要提出"一國兩制"。

　　兩年前撒切爾夫人[9]來談，當時她堅持歷史上的條約按國際法仍然有效，一九九七年後英國要繼續管理香港。我跟她説，主權問題是不能談判的，中國一九九七年要收回整個香港。至於用什麼方式收回，我們決定談判。我説談判要兩年，太短了不行，但是不遲於兩年必須解決這個問題，到時候中國要正式宣佈一九九七年收回香港。結果真的是談了兩年。開始她提出談判的題目就是一個歸屬問題。我説是三個問題：第一個是主權問題，總要雙方就香港歸還中國達成協議；第二個是一九九七年我們恢復行使主權之後怎麼樣管理香港，也就是在香港實行什麼樣的制度的問題；第三個是十五年過渡期間的安排問題，也就是怎樣為中國恢復行使主權創造條件。她同意談這些問題。兩年談判，差不多一年多的時間是拖在歸屬和主權問題上，她沒有

21

讓。當時我還跟她説，如果在十五年的過渡期間香港發生意外的事情，發生動亂，中英雙方根本談不攏，中國將重新考慮收回香港的時間和方式。所以，解決香港問題，我們的調子就是那時定下來的，以後實際上就是按這個調子走的。

香港問題為什麼能夠談成呢？並不是我們參加談判的人有特殊的本領，主要是我們這個國家這幾年發展起來了，是個興旺發達的國家，有力量的國家，而且是個值得信任的國家，我們是講信用的，我們説話是算數的。粉碎"四人幫"以後，主要是黨的十一屆三中全會以後，五年多的時間確實發生了非常好的變化。我們國家的形象變了，國內的人民看清了這一點，國際上也看清了這一點。我們可以自豪，當然自豪同驕傲是兩回事，驕傲不得，説大話也不行，畢竟我們還落後。但是，我們確實很有希望，從香港問題的解決就反映出來了。當然，香港問題能夠解決好，還是由於"一國兩制"的根本方針或者説戰略搞對了，也是中英雙方共同努力的結果。

香港問題的解決會直接影響到台灣問題。解決台灣問題要花時間，太急了不行。現在我們的方針還是以國民黨當政者為談判的對手。這一點，台灣的人有一種反映，説我們不重視台灣人民。最近國務院總理在國慶招待會上的講話中，在"台灣當局"後面加了一句"和各界人士"，這是我加的。就是說，台灣問題接觸面要寬，除了以國民黨當局、以蔣經國[5]為對手外，要廣泛開展工作面。我們過去做了一些，現在更要有計劃地安排。在台灣問題上，美國的政策就是把住不放，這個我們看準了。兩三年來，我們一直批評美國的霸權主義，批評他把台灣當作他的一艘"永不沉沒的航空母艦"。美國也有一部分人贊成台灣和我們統一，但不佔主導地位。卡特[10]在位的時候，承諾從台灣撤軍，同時又通過了一個《與台灣關係法》[11]，這個《與台灣關係法》就是干涉中國內政。所以，一個台灣方面的工作，一個美國方面的工作，都要花時間。

用"一國兩制"的方式解決台灣問題，美國應該是能夠接受的，台灣也應該是能夠接受的。蔣經國提出用"三民主義"統一中國，這現實嗎？你那個"三民主義"在中國搞了二十二年，一九二七年到一九四九年，中國搞成了什麼樣子？"中國人站起來了"，是什麼時候站起來的？是一九四九年。使中國人站起來的，不是蔣介石，而是共產黨，是社會主義。"一國兩制"的方式，你不吃掉我，我不吃掉你，這不很好嗎？最近一個外國人問我，解決台灣問題的政策是不是同對香港的一樣？我說更寬。所謂更寬，就是除了解決香港問題的這些政

策可以用於台灣以外，還允許台灣保留自己的軍隊。我
們堅持謀求用和平的方式解決台灣問題，但是始終沒有
放棄非和平方式的可能性，我們不能作這樣的承諾。如
果台灣當局永遠不同我們談判，怎麼辦？難道我們能夠
放棄國家統一？當然，絕不能輕易使用武力，因為我們
精力要花在經濟建設上，統一問題晚一些解決無傷大
局。但是，不能排除使用武力，我們要記住這一點，我
們的下一代要記住這一點。這是一種戰略考慮。

　　我跟外賓談話時還提出：解決國際爭端，要根據新
情況、新問題，提出新辦法。"一國兩制"，是從我們
自己的實際提出來的，但是這個思路可以延伸到某些國
際問題的處理上。好多國際爭端，解決不好會成為爆發
點。我說是不是有些可以採取"一國兩制"的辦法，有
些還可以用"共同開發"的辦法。"共同開發"的設想，
最早也是從我們自己的實際提出來的。我們有個釣魚島
問題，還有個南沙群島問題。我訪問日本的時候，在記
者招待會上他們提出釣魚島問題，我當時答覆說，這個
問題我們同日本有爭議，釣魚島日本叫尖閣列島，名字
就不同。這個問題可以把它放一下，也許下一代人比我
們更聰明些，會找到實際解決的辦法。當時我腦子裏在
考慮，這樣的問題是不是可以不涉及兩國的主權爭議，
共同開發。共同開發的無非是那個島嶼附近的海底石油

之類，可以合資經營嘛，共同得利嘛。不用打仗，也不要好多輪談判。南沙群島，歷來世界地圖是劃到中國的，屬中國，現在除台灣佔了一個島以外，菲律賓佔了幾個島，越南佔了幾個島，馬來西亞佔了幾個島。將來怎麼辦？一個辦法是我們用武力統統把這些島收回來；一個辦法是把主權問題擱置起來，共同開發，這就可以消除多年積累下來的問題。這個問題遲早要解決。世界上這類的國際爭端還不少。我們中國人是主張和平的，希望用和平方式解決爭端。什麼樣的和平方式？"一國兩制"，"共同開發"。同我談話的外賓，都說這是一個新的思想，很有意思。

再講講國內問題吧。我開頭就講了，現在我們的中央是有秩序地很好地在進行工作。整個的形勢很好，《關於經濟體制改革的決定》不是說安定團結的政治局面更加鞏固嗎？確實是這樣。想想我們黨的整個歷史時期，有多少時間有這麼好的政治局勢？我在同外國人談話時，講了一句大膽的話：現在看翻兩番肯定能夠實現。這個話，我們過去是不敢講的，只是講翻兩番有可能實現，但是要花很大的力氣。經過四年的時間，"六五"計劃的主要生產指標三年完成，今年的計劃也將超額完成。過去說，如果前十年平均增長速度能夠達到百分之六點五，二十年平均增長速度能夠達到百分之七點二，翻兩番的目標就能夠實現。看來我們前十年的勢頭可能超過百分之七點二，因為前三年已經接近百分之八了。

翻兩番的意義很大。這意味着到本世紀末，年國民生產總值達到一萬億美元。從總量說，就居於世界前列了。這一萬億美元，反映到人民生活上，我們就叫小康水平；反映到國力上，就是較強的國家。因為到那時，如果拿國民生產總值的百分之一來搞國防，就是一百億，要改善一點裝備容易得很。據說蘇聯是百分之二十的國民生產總值用於國防，為什麼他翻不起身來，就是負擔太沉重。一百億美元能夠辦很多事情，如果用於科學教育，就可以開辦好多大學，普及教育也就可以用更多的力量來辦了。智力投資應該絕不止百分之一。現在我們是捉襟見肘，要增加一點教育經費、科研經費，困難得很。至於人民生活，到本世紀末達到小康水平，比現在要好得多。去年我到蘇州，蘇州地區的工農業年總產值已經接近人均八百美元。我了解了一下蘇州的生活水平。在蘇州，第一是人不往上海、北京跑，恐怕蘇南大部分地方的人都不往外地跑，樂於當地的生活；第二，每個人平均二十多平方米的住房；第三，中小學教育普及了，自己拿錢辦教育；第四，人民不但吃穿問題解決了，用的問題，什麼電視機，新的幾大件，很多人也都解決了；第五，人們的精神面貌有了很大的變化，什麼違法亂紀、犯罪行為大大減少。還有別的，我也記不清了。這幾條就了不起呀！現在我們還要不斷地打擊刑事犯罪分子，真正到了小康的時候，人的精神面貌就不同了。物質是基礎，人民的物質生活好起來，文化水平提高了，精神面貌會有大變化。我們對刑事犯罪活動的打擊是必要的，今後還要繼續打擊下去，但是只靠打擊並不能解決根本的問題，翻兩番、把經濟搞上去才是真正治本的途徑。當然我們總還要做教育工作，人的工作，那是永遠不能少的。但經濟發展是個基礎，在這個基礎上工作就好做了。如果實現了翻兩番，那時會是個什麼樣的政治局面？我看真正的安定團結是肯定的。國家的力量真正是強大起來了，中國在國際上的影響也會大大不同了。所以要埋頭苦幹，艱苦奮鬥。從現在到二〇〇〇年，還有十六年，好好地幹，一心一意地幹。

翻兩番還有個重要意義，就是這是一個新的起點。再花三十年到五十年時間，就可以接近經濟發達國家的水平。不是說制度，是說生產、生活水平。這是可能的，是可以看得見、摸得着的東西。要達到這個新的目標，離開對外開放政策不可能。現在我國的對外貿易額是四百多億美元吧？這麼一點進出口，就能實現翻兩番

呀？我國年國民生產總值達到一萬億美元的時候，我們
的產品怎麼辦？統統在國內銷？什麼都自己造？還不是
要從外面買進來一批，自己的賣出去一批？所以說，沒
有對外開放政策這一着，翻兩番困難，翻兩番之後再前
進更困難。外國人擔心我們的開放政策會變，我說不會
變。我說我們的奮鬥目標，本世紀末這是一個階段，還
有第二個目標，要再花三十年到五十年達到，打慢一
點，算五十年吧，五十年離不開開放政策。因為現在
任何國家要發達起來，閉關自守都不可能。我們吃過
這個苦頭，我們的老祖宗吃過這個苦頭。恐怕明朝明
成祖 [12] 時候，鄭和下西洋 [13] 還算是開放的。明成祖死
後，明朝逐漸衰落。以後清朝康乾時代 [14]，不能說是
開放。如果從明朝中葉算起，到鴉片戰爭 [4]，有三百多
年的閉關自守，如果從康熙算起，也有近二百年。長期
閉關自守，把中國搞得貧窮落後，愚昧無知。中華人民
共和國建立以後，第一個五年計劃時期是對外開放的，
不過那時只能是對蘇聯東歐開放。以後關起門來，成就
也有一些，總的說來沒有多大發展。當然這有內外許多
因素，包括我們的錯誤。歷史經驗教訓說明，不開放不
行。開放傷害不了我們。我們的同志就是怕引來壞的東
西，最擔心的是會不會變成資本主義。恐怕我們有些老
同志有這個擔心。搞了一輩子社會主義、共產主義，忽

然鑽出個資本主義來，這個受不了，怕。影響不了的，影響不了的。肯定會帶來一些消極因素，要意識到這一點，但不難克服，有辦法克服。你不開放，再來個閉關自守，五十年要接近經濟發達國家水平，肯定不可能。按照現在開放的辦法，到國民生產總值人均幾千美元的時候，我們也不會產生新資產階級。基本的生產資料歸國家所有，歸集體所有，就是說歸公有。國家富強了，人民的物質、文化生活水平提高了，而且不斷提高，這有什麼壞處！在本世紀內最後的十六年，無論怎麼樣開放，公有制經濟始終還是主體。同外國人合資經營，也有一半是社會主義的。合資經營的實際收益，大半是我們拿過來。不要怕，得益處的大頭是國家，是人民，不會是資本主義。還有的事情用不着急於解決。前些時候那個僱工問題，相當震動呀，大家擔心得不得了。我的意見是放兩年再看。那個能影響到我們的大局嗎？如果你一動，羣眾就說政策變了，人心就不安了。你解決了一個"傻子瓜子"[15]，會牽動人心不安，沒有益處。讓"傻子瓜子"經營一段，怕什麼？傷害了社會主義嗎？

這次經濟體制改革的文件好，就是解釋了什麼是社會主義，有些是我們老祖宗沒有說過的話，有些新話。我看講清楚了。過去我們不可能寫出這樣的文件，沒有前幾年的實踐不可能寫出這樣的文件。寫出來，也很不容易通過，會被看作"異端"。我們用自己的實踐回答了新情況下出現的一些新問題。不是說四個堅持嗎？這是真正堅持社會主義，否則是"四人幫"的"寧要社會主義的草，不要資本主義的苗"。解放思想，我們老同志有這個任務。這次的好處是，中央委員會、中央顧問委員會、中央紀律檢查委員會三個委員會的同志都贊成這個文件，看到了現在發佈這個綱領性文件的必要性和重要性。這是個好的文件。

這個文件一共十條，最重要的是第九條，當然其他各條也都是非常重要的。第九條，概括地説就是"尊重知識，尊重人才"八個字，事情成敗的關鍵就是能不能發現人才，能不能用人才。説具體點，現在有些五十多歲的同志很不錯，但五十幾歲的人再過十年就六十幾歲了，所以要大膽起用中青年幹部。特別是陳雲[16]同志講要選拔三四十歲的年輕人，這個意見很好。這些年輕人選拔上來以後，可以幹得久一些。他們現在經驗不夠，過兩年經驗就夠了；現在不稱職，過兩年就可能稱職了。他們腦筋比較活。整黨明年就要推進到基層，到各單位各企業，這是一件非常了不起的工作，成功不成功就看我們能夠不能夠發現一批年輕人。因為到了本世紀末，現在三十歲的，那時是四十幾；現在四十歲的，那時也才五十幾。我們老同志在這個問題上要多顧多問。這方面可要解放思想呀，不解放思想不行啦！要說服老一點的同志把位子騰出來，要不然年輕幹部沒有位子呀。整個形勢是安定團結的，要說疙瘩比較多的，解決得不夠好的，是在這個問題上。其他方面出這個那個毛病不要緊，但是這個問題不解決好，將來要出大問題，要犯大錯誤。請年紀大一些的同志騰出位子來不容易呀，但是這件事我們必須辦，這條路我們必須走。兩年前我就說過，我希望帶頭退休。顧問委員會一成立，我就說這是過渡形式，歸根到底還是要建立退休制度。因為位子就那麼多，還要精兵簡政，老的不騰出位子，年輕的上不了，事業怎麼能興旺發達。這一點，也要學發達國家，有些第三世界國家解決得也比較好。最近我聽人講，好多國家大部分部長是三十幾歲，也有歲數大一些的，但比較少。總理歲數可能比較大，一般也是五十多歲。我們剛進城的時候是年輕的，我是四十五歲，好多同志比我還年輕一些。一九二七年底我第一次當中央秘書長時二十三歲，也是大官啦，啥也不懂，也可以呀！總之，選拔年輕幹部是我們顧問委員會的一個重要責任。

中國是信守諾言的 *

（一九八四年十二月十九日）

我們兩國的領導人就香港問題達成協議 [6]，為各自的國家和人民做了一件非常有意義的事情。香港問題已經有近一個半世紀的歷史，這個問題不解決，在我們兩國和兩國人民之間總是存在着陰影。現在這個陰影消除了，我們兩國之間的合作和兩國人民之間的友好前景光明。

如果"一國兩制"的構想是一個對國際上有意義的想法的話，那要歸功於馬克思主義的辯證唯物主義和歷史唯物主義，用毛澤東主席的話來講就是實事求是。這個構想是在中國的實際情況下提出來的。中國面臨的實際問題就是用什麼方式才能解決香港問題，用什麼方式才能解決台灣問題。只能有兩種方式，一種是和平方式，一種是非和平方式。而採用和平方式解決香港問題，就必須既考慮到香港的實際情況，也考慮到中國的

---

* 這是鄧小平會見英國首相撒切爾夫人時談話的一部分。

實際情況和英國的實際情況，就是說，我們解決問題的辦法要使三方面都能接受。如果用社會主義來統一，就做不到三方面都接受。勉強接受了，也會造成混亂局面。即使不發生武力衝突，香港也將成為一個蕭條的香港，後遺症很多的香港，不是我們所希望的香港。所以，就香港問題而言，三方面都能接受的只能是"一國兩制"，允許香港繼續實行資本主義，保留自由港和金融中心的地位，除此以外沒有其他辦法。"一國兩制"構想的提出還不是從香港問題開始的，是從台灣問題開始的。一九八一年國慶前夕葉劍英委員長就台灣問題發表的九條聲明 [17]，雖然沒有概括為"一國兩制"，但實際上就是這個意思。兩年前香港問題提出來了，我們就提出"一國兩制"。

我們提出這個構想時，人們都覺得這是個新語言，是前人未曾說過的。也有人懷疑這個主張能否行得通，這就要拿事實來回答。現在看來是行得通的，至少中國人堅信是行得通的，因為這兩年的談判已經證明了這一點。這個構想在解決香港問題上起了不說是決定性的作用，也是最重要的作用。這是三方面都接受了的構想。再過十三年，再過五十年，會更加證明"一國兩制"是行得通的。人們擔心中國在簽署這個協議後，是否能始終如一地執行。我們不僅要告訴閣下和在座的英國朋友，也要告訴全世界的人：中國是信守自己的諾言的。

　　一位日本朋友問我，你們為什麼還有一個"五十年"，即一九九七年後還要保持香港現行的資本主義制度五十年不變？你們根據的是什麼，是否有個什麼想法？我對他説，有。這也是從中國的實際出發的。中國現在制定了一個宏偉的目標，就是國民生產總值在兩個十年內，即到本世紀末翻兩番，達到小康水平。就是達到了這個目標，中國也不算富，還不是一個發達國家。所以這只能算是我們雄心壯志的第一個目標。中國要真正發達起來，接近而不是説超過發達國家，那還需要三十年到五十年的時間。如果説在本世紀內我們需要實行開放政策，那末在下個世紀的前五十年內中國要接近發達國家的水平，也不能離開這個政策，離開了這個政策不行。保持香港的繁榮穩定是符合中國的切身利益的。所以我們講"五十年"，不是隨隨便便、感情衝動而講的，是考慮到中國的現實和發展的需要。同樣地，到本世紀末和下一世紀前五十年也需要一個穩定的台灣。台灣是中國的一部分，中國可以在一個國家的前提下實行兩種制度，這就是制定我們國家政策的一個想法。如果懂得了這點，知道我們的基本觀點，知道我們從什麼出發提出這個口號、制定這個政策，就會相信我們不會變。我還對日本朋友説，如果開放政策在下一世紀前五十年不變，那末到了後五十年，我們同國際上的經濟交往更加頻繁，更加相互依賴，更不可分，開放政策就更不會變了。

我還想請首相告訴國際上和香港的人士，"一國兩制"除了資本主義，還有社會主義，就是中國的主體、十億人口的地區堅定不移地實行社會主義。主體地區是十億人口，台灣是近兩千萬，香港是五百五十萬，這就有個十億同兩千萬和五百五十萬的關係問題。主體是很大的主體，社會主義是在十億人口地區的社會主義，這是個前提，沒有這個前提不行。在這個前提下，可以容許在自己身邊，在小地區和小範圍內實行資本主義。我們相信，在小範圍內容許資本主義存在，更有利於發展社會主義。我們對外開放二十來個城市[18]，這也是在社會主義經濟是主體這個前提下進行的，不會改變它們的社會主義性質。相反地，對外開放有利於壯大和發展社會主義經濟。

會見香港特別行政區基本法起草委員會委員時的講話

（一九八七年四月十六日）

　　今天沒有別的，同大家見見面，快兩年時間沒有見面了，應該對你們道道辛苦嘛！

　　你們委員會工作了一年零八個月，靠大家的辛苦、智慧，工作進展是順利的，合作是好的，這樣香港會過渡得更好。我們的"一國兩制"能不能夠真正成功，要體現在香港特別行政區基本法裏面。這個基本法還要為澳門、台灣作出一個範例。所以，這個基本法很重要。世界歷史上還沒有這樣一個法，這是一個新的事物。起草工作還有三年時間，要把它搞得非常妥當。

　　今天我想講講不變的問題。就是說，香港在一九九七年回到祖國以後五十年政策不變，包括我們寫的基本法，至少要管五十年。我還要說，五十年以後更沒有變的必要。香港的地位不變，對香港的政策不變，對澳門的政策也不變，對台灣的政策按照"一國兩制"方針解決統一問題後五十年也不變，我們對內開放

36

和對外開放政策也不變。到本世紀末，中國人均國民生產總值將達到八百至一千美元，看來一千美元是有希望的。世界上一百幾十個國家，那時我們恐怕還是在五十名以下吧，但是我們國家的力量就不同了。那時人口是十二億至十二億五千萬，國民生產總值就是一萬至一萬二千億美元了。我們社會主義制度是以公有制為基礎的，是共同富裕，那時候我們叫小康社會，是人民生活普遍提高的小康社會。更重要的是，有了這個基礎，再過五十年，再翻兩番，達到人均四千美元的水平，在世界上雖然還是在幾十名以下，但是中國是個中等發達的國家了。那時，十五億人口，國民生產總值就是六萬億美元，這是以一九八〇年美元與人民幣的比價計算的，這個數字肯定是居世界前列的。我們實行社會主義的分配制度，不僅國家力量不同了，人民生活也好了。

要達到這樣一個目標，需要什麼條件呢？第一條，需要政局穩定。為什麼我們對學生鬧事問題[19]處理得這麼嚴肅，這麼迅速呢？因為中國不能再折騰，不能再動盪。一切要從大局出發。中國發展的條件，關鍵是要政局穩定。第二條，就是現行的政策不變。我剛才説，要從我們整個幾十年的目標來看這個不變的意義。比如説，現在我們國內人們議論僱工問題，我和好多同志談過，犯不着在這個問題上表現我們在“動”，可以再看

幾年。開始我説看兩年，兩年到了，我説再看看。現在
僱工的大致上只是小企業和農村已經承包的農民，僱工
人數同全國一億多職工相比，數目很小。從全局看，這
只不過是小小的一點。要動也容易，但是一動就好像政
策又在變了。動還是要動，因為我們不搞兩極分化。但
是，在什麼時候動，用什麼方法動，要研究。動也就是
制約一下。像這樣的事情，我們要考慮到不要隨便引起
動盪甚至引起反覆，這是從大局來看問題。重要的是，
鼓勵大家動腦筋想辦法發展我們的經濟，有開拓的精
神，而不要去損害這種積極性，損害了對我們不利。

一個是政局穩定，一個是政策穩定，兩個穩定。不
變也就是穩定。如果到下一個五十年，這個政策見效，
達到預期目標，就更沒有理由變了。所以我説，按照
"一國兩制"的方針解決統一問題後，對香港、澳門、
台灣的政策五十年不變，五十年之後還會不變。當然，
那時候我不在了，但是相信我們的接班人會懂得這個道
理的。

還要講一個不變。大家對於中國黨和中國政府堅持
開放政策不變，很高興，但是一看到風吹草動，一看
到反對資產階級自由化，又説是不是在變了。他們忽略
了中國的政策基本上是兩個方面，説不變不是一個方面
不變，而是兩個方面不變。人們忽略的一個方面，就是

堅持四項基本原則，堅持社會主義制度，堅持共產黨領導。人們只是說中國的開放政策是不是變了，但從來不提社會主義制度是不是變了，這也是不變的嘛！

我們堅持社會主義制度，堅持四項基本原則，是老早就確定了的，寫在憲法上的。我們對香港、澳門、台灣的政策，也是在國家主體堅持四項基本原則的基礎上制定的，沒有中國共產黨，沒有中國的社會主義，誰能夠制定這樣的政策？沒有哪個人有這個膽識，哪一個黨派都不行。你們看我這個講法對不對？沒有一點膽略是不行的。這個膽略是要有基礎的，這就是社會主義制度，是共產黨領導下的社會主義中國。我們搞的是有中國特色的社會主義，所以才制定"一國兩制"的政策，才可以允許兩種制度存在。沒有點勇氣是不行的，這個勇氣來自人民的擁護，人民擁護我們國家的社會主義制度，擁護黨的領導。忽略了四項基本原則，這也是帶有片面性嘛！看中國的政策變不變，也要看這方面變不變。老實說，如果這方面變了，也就沒有香港的繁榮和穩定。要保持香港五十年繁榮和穩定，五十年以後也繁榮和穩定，就要保持中國共產黨領導下的社會主義制度。我們的社會主義制度是有中國特色的社會主義制度，這個特色，很重要的一個內容就是對香港、澳門、台灣問題的處理，就是"一國兩制"。這是個新事物。

這個新事物不是美國提出來的，不是日本提出來的，不是歐洲提出來的，也不是蘇聯提出來的，而是中國提出來的，這就叫做中國特色。講不變，應該考慮整個政策的總體、各個方面都不變，其中一個方面變了，都要影響其他方面。所以請各位向香港的朋友解釋這個道理。試想，中國要是改變了社會主義制度，改變了中國共產黨領導下的具有中國特色的社會主義制度，香港會是怎樣？香港的繁榮和穩定也會吹的。要真正能做到五十年不變，五十年以後也不變，就要大陸這個社會主義制度不變。我們反對資產階級自由化，就是要保證中國的社會主義制度不變，保證整個政策不變，對內開放、對外開放的政策不變。如果這些都變了，我們要在本世紀末達到小康水平、在下世紀中葉達到中等發達國家水平的目標就沒有希望了。現在國際壟斷資本控制着全世界的經濟，市場被他們佔了，要奮鬥出來很不容易。像我們這樣窮的國家要奮鬥出來更不容易，沒有開放政策、改革政策，競爭不過。這個你們比我們更清楚，確是很不容易。這個"不變"的問題，是人們議論紛紛的問題，而且我相信，到本世紀末、到下世紀還要議論。我們要用事實證明這個"不變"。

現在有人議論，中國的改革、開放政策在收。我要說，我們的物價有點問題，對基本建設的投資也收緊了一點。但問題要從全局看。每走一步都必定會有的收，有的放，這是很自然的事情。總的是要開放。我們的開放政策肯定要繼續下去，現在是開放得不夠。我們的開放、改革是很不容易的事情，膽子要大，要堅決。不開放不改革沒有出路，國家現代化建設沒有希望。但在具體事情上要小心，要及時總結經驗。我們每走一步都要總結經驗，哪些事進度要快一點，哪些要慢一點，哪些還要收一收，沒有這條是不行的，不能蠻幹。有些人看到我們在某些方面有些緊縮，就認為政策變了，這種看法是不妥當的。

"一國兩制"也要講兩個方面。一方面，社會主義國家裏允許一些特殊地區搞資本主義，不是搞一段時間，而是搞幾十年、成百年。另一方面，也要確定整個國家的主體是社會主義。否則怎麼能說是"兩制"呢？那就變成"一制"了。有資產階級自由化思想的人希望中國大陸變成資本主義，叫做"全盤西化"。在這個問題上，思想不能片面。不講兩個方面，"一國兩制"幾十年不變就行不通了。

美國記者華萊士曾向我提出一個問題，大陸現在的經濟發展水平大大低於台灣，為什麼台灣要同大陸統一？我回答說，主要有兩條。第一條，中國的統一是全中國人民的願望，是一百幾十年的願望，一個半世紀了嘛！從鴉片戰爭 [4] 以來，中國的統一是包括台灣人民在內的中華民族的共同願望，不是哪個黨哪個派，而是整個民族的願望。第二條，台灣不實現同大陸的統一，台灣作為中國領土的地位是沒有保障的，不知道哪一天會被別人拿去。現在國際上有好多人都想在台灣問題上做文章。一旦台灣同大陸統一了，哪怕它實行的制度等等一切都不變，但是形勢就穩定了。所以，解決這個問題，海峽兩岸的人都會認為是一件大好事，為我們國家、民族的統一作出了貢獻。

還想講點基本法的起草問題。過去我曾經講過，基本法不宜太細。香港的制度也不能完全西化，不能照搬西方的一套。香港現在就不是實行英國的制度、美國的制度，這樣也過了一個半世紀了。現在如果完全照搬，比如搞三權分立，搞英美的議會制度，並以此來判斷是否民主，恐怕不適宜。對這個問題，請大家坐到一塊深思熟慮地想一下。關於民主，我們大陸講社會主義民主，和資產階級民主的概念不同。西方的民主就是三權分立，多黨競選，等等。我們並不反對西方國家這樣搞，但是我們中國大陸不搞多黨競選，不搞三權分立、兩院制。我們實行的就是全國人民代表大會一院制，這最符合中國實際。如果政策正確，方向正確，這種體制益處很大，很有助於國家的興旺發達，避免很多牽扯。

當然，如果政策搞錯了，不管你什麼院制也沒有用。對香港來說，普選就一定有利？我不相信。比如說，我過去也談過，將來香港當然是香港人來管理事務，這些人用普遍投票的方式來選舉行嗎？我們說，這些管理香港事務的人應該是愛祖國、愛香港的香港人，普選就一定能選出這樣的人來嗎？最近香港總督衛奕信講過，要循序漸進，我看這個看法比較實際。即使搞普選，也要有一個逐步的過渡，要一步一步來。我向一位外國客人講過，大陸在下個世紀，經過半個世紀以後可以實行普選。現在我們縣級以上實行的是間接選舉，縣級和縣以下的基層才是直接選舉。因為我們有十億人口，人民的文化素質也不夠，普遍實行直接選舉的條件不成熟。其實有些事情，在某些國家能實行的，不一定在其他國家也能實行。我們一定要切合實際，要根據自己的特點來決定自己的制度和管理方式。

還有一個問題必須說明：切不要以為香港的事情全由香港人來管，中央一點都不管，就萬事大吉了。這是不行的，這種想法不實際。中央確實是不干預特別行政區的具體事務的，也不需要干預。但是，特別行政區是不是也會發生危害國家根本利益的事情呢？難道就不會出現嗎？那個時候，北京過問不過問？難道香港就不會出現損害香港根本利益的事情？能夠設想香港就沒有

干擾，沒有破壞力量嗎？我看沒有這種自我安慰的根
據。如果中央把什麼權力都放棄了，就可能會出現一些
混亂，損害香港的利益。所以，保持中央的某些權力，
對香港有利無害。大家可以冷靜地想想，香港有時候會
不會出現非北京出頭就不能解決的問題呢？過去香港遇
到問題總還有個英國出頭嘛！總有一些事情沒有中央出
頭你們是難以解決的。中央的政策是不損害香港的利
益，也希望香港不會出現損害國家利益和香港利益的事
情。要是有呢？所以請諸位考慮，基本法要照顧到這些
方面。有些事情，比如一九九七年後香港有人罵中國共
產黨，罵中國，我們還是允許他罵，但是如果變成行
動，要把香港變成一個在“民主”的幌子下反對大陸的
基地，怎麼辦？那就非干預不行。干預首先是香港行政
機構要干預，並不一定要大陸的駐軍出動。只有發生動
亂、大動亂，駐軍才會出動。但是總得干預嘛！

　　總的來說，“一國兩制”是個新事物，有很多我們
預料不到的事情。基本法是個重要的文件，要非常認
真地從實際出發來制定。我希望這是一個很好的法律，
真正體現“一國兩制”的構想，使它能夠行得通，能夠
成功。

要吸收國際的經驗 [*]

（一九八八年六月三日）

我們是在一個貧窮的大國裏進行改革的，這在世界上沒有先例。我們搞建設有三十九年，有成功的經驗，也有失敗的教訓。但是光憑自己的經驗和教訓還解決不了問題。中國要謀求發展，擺脫貧窮和落後，就必須開放。開放不僅是發展國際間的交往，而且要吸收國際的經驗。我們從一九五七年以後，耽誤了二十年，而這二十年又是世界蓬勃發展的時期，這是非常可惜的。但另一方面也有一點好處，二十年的經驗尤其是“文化大革命”的教訓告訴我們，不改革不行，不制定新的政治的、經濟的、社會的政策不行。十一屆三中全會 [20] 制定了這樣的一系列方針政策，走上了新的道路。這些政策概括起來，就是改革和開放。

改革和開放是手段，目標是分三步走發展我們的經濟。第一步是達到溫飽水平，已經提前實現了。第二步

---

* 這是鄧小平在會見“九十年代的中國與世界”國際會議全體與會者時談話的一部分。

是在本世紀末達到小康水平，還有十二年時間，看來可以實現。第三步是下個世紀再花五十年時間，達到中等發達國家水平，這是很不容易的。關鍵是本世紀內的最後十年，要為下個世紀前五十年的發展打下基礎，創造比較好的條件和環境。

改革沒有萬無一失的方案，問題是要搞得比較穩妥一些，選擇的方式和時機要恰當。不犯錯誤不可能，要爭取犯得小一點，遇到問題就及時調整。這是有風險的事情，但我看可以實現，可以完成。這個樂觀的預言，不是沒有根據的。同時，我們要把工作的基點放在出現較大的風險上，準備好對策。這樣，即使出現了大的風險，天也不會塌下來。

對香港的政策，我們承諾了一九九七年以後五十年不變，這個承諾是鄭重的。為什麼說五十年不變？這是有根據的，不只是為了安定香港的人心，而是考慮到香港的繁榮和穩定同中國的發展戰略有着密切的關聯。中國的發展戰略需要的時間，除了這個世紀的十二年以外，下個世紀還要五十年，那末五十年怎麼能變呢？現在有一個香港，我們在內地還要造幾個“香港”，就是說，為了實現我們的發展戰略目標，要更加開放。既然這樣，怎麼會改變對香港的政策呢？實際上，五十年只是一個形象的講法，五十年後也不會變。前五十年是不能變，五十年之後是不需要變。所以，這不是信口開河。

香港要穩定。在過渡時期要穩定，中國恢復行使主權以後，香港人執政，香港也應該穩定。這是個關鍵。香港的穩定，除了經濟的發展以外，還要有個穩定的政治制度。我說過，現在香港的政治制度就不是實行英國的制度、美國的制度，今後也不能照搬西方的一套。如果硬要照搬，造成動亂，那是很不利的。這是個非常實際的嚴重問題。

香港基本法具有
歷史意義和國際意義[*]

（一九九〇年二月十七日）

　　你們經過將近五年的辛勤勞動，寫出了一部具有歷史意義和國際意義的法律。說它具有歷史意義，不只對過去、現在，而且包括將來；說國際意義，不只對第三世界，而且對全人類都具有長遠意義。這是一個具有創造性的傑作。我對你們的勞動表示感謝！對文件的形成表示祝賀！

＊　這是鄧小平會見出席香港特別行政區基本法起草委員會第九次全體會議的委員時的即席講話。《中華人民共和國香港特別行政區基本法》於一九九〇年四月四日第七屆全國人民代表大會第三次會議通過，並決定於一九九七年七月一日起實施。

注釋

1　香港問題是歷史遺留的問題。香港（包括香港島、九龍和新
　　界）自古以來就是中國領土。一八四〇年英國發動鴉片戰爭，
　　強迫清政府於一八四二年簽訂《南京條約》，永久割讓香港
　　島。一八五六年英法聯軍發動第二次鴉片戰爭，一八六〇年
　　英國迫使清政府締結《北京條約》，永久割讓九龍半島尖端。
　　一八九八年英國又乘列強在中國劃分勢力範圍之機，逼迫清
　　政府簽訂《展拓香港界址專條》，強行租借九龍半島大片土地
　　以及附近二百多個島嶼（後統稱"新界"），租期九十九年，
　　一九九七年六月三十日期滿。中國人民一直反對上述三個不
　　平等條約。

　　　　中華人民共和國成立後，中國政府的一貫立場是：香
　　港是中國的領土，中國不承認帝國主義強加的三個不平等條
　　約，主張在適當時機通過談判解決這一問題，未解決前暫時
　　維持現狀。

　　　　中共十一屆三中全會以後，中國人民為實現社會主義現
　　代化，實現祖國統一和反對霸權主義、維護世界和平三大任
　　務而奮鬥。鄧小平提出按照"一個國家，兩種制度"解決台
　　灣和香港問題的構想。同時，隨着一九九七年的日益臨近，

英國方面不斷試探中國關於解決香港問題的立場和態度。在這種情況下，解決香港問題的時機已經成熟。

中英兩國政府關於解決香港問題的談判分兩個階段，第一階段從一九八二年九月英國首相撒切爾夫人訪華至一九八三年六月，雙方主要就原則和程序問題進行會談。第二階段從一九八三年七月至一九八四年九月，兩國政府代表團就具體實質性問題進行了二十二輪會談。

一九八二年九月二十四日，鄧小平會見了撒切爾夫人。此前，中國總理同她舉行了會談。中國領導人正式通知英方，中國政府決定在一九九七年收回整個香港地區，同時闡明中國收回香港後將採取特殊政策，包括設立香港特別行政區，由香港當地中國人管理，現行的社會、經濟制度和生活方式不變，等等。撒切爾夫人則堅持三個不平等條約仍然有效，提出如果中國同意英國一九九七年後繼續管治香港，英國可以考慮中國提出的主權要求。針對撒切爾夫人的言論，鄧小平在同她會見時作了重要談話。通過這次談話，雙方同意通過外交途徑就解決香港問題進行商談。此後的半年裏，由於英方在香港主權問題上立場不變，雙方的磋商沒有進展。一九八三年三月撒切爾夫人寫信給中國總理，作出了她準備在某個階段向英國議會建議使整個香港主權回歸中國的保證。四月中國總理覆信表示，中國政府同意盡快舉行正式談判。

一九八三年七月十二日至十三日中英兩國政府代表團舉行第一輪會談，由於英方仍然堅持一九九七年後英國繼續管治香港，直至第四輪會談毫無進展。一九八三年九月鄧小平會見訪華的英國前首相希思時說，英國想用主權來換治權是行不通的，勸告英方改變態度，以免出現到一九八四年九月中國不得不單方面公佈解決香港問題方針政策的局面。十月英國首相來信提出,雙方可在中國建議的基礎上探討香港的持久性安排。第五、六輪會談中,英方確認不再堅持英國管治,也不謀求任何形式的共管,並理解中國的計劃是建立在一九九七年後整個香港的主權和管治權應該歸還中國這一前提的基礎上。至此,中英會談的主要障礙開始排除。

從一九八三年十二月第七輪會談起,談判納入了以中國政府關於解決香港問題的基本方針政策為基礎進行討論的軌道。根據中國政府的基本方針政策,未來的香港特別行政區直轄於中華人民共和國中央人民政府。除外交和國防事務屬中央人民政府管理外,香港特別行政區享有高度的自治權。中央人民政府將在香港特別行政區派駐部隊,負責其防務。特別行政區政府將由當地人組成,英籍和其他外籍人士可擔任顧問或政府一些部門中最高至副司級的職務。雖然英方明確承諾過不再提出任何與中國主權原則相衝突的建議,但在討論中仍不時提出許多與其承諾相違背的主張。例如,英方一再以"最大程度的自治"來修改中方主張的"高度自治"的內涵,反對香港特區直轄於中央政府;英方一再要求中方承諾不在香港駐軍,企圖限制中國對香港行使主權,並要求在香港派駐性質不同於其他國家駐港總領事的"英國專員"代表機構,試圖將未來香港特區變成一個英聯邦成員或準成員;英方還提出持有香港身份證的海外官員可以擔任"公務員系統中直至最高層官員",並要中方承諾在一九九七年後原封不動地繼承香港政府的結構以及過渡時期英方可能作出的改變,等等。英方上述主張的實質是要把未來香港變成英國能夠影響的某種獨立或半獨立的政治實體,直接抵觸中國主權原則。中方理所當然地堅決反對,未予採納。

從一九八四年四月第十二輪會談後，雙方轉入討論過渡時期香港的安排和有關政權移交的事項。

在香港設立聯合機構問題是談判中遇到的最困難問題之一。中方提出了關於過渡時期的安排和有關政權交接的基本設想，建議在香港設立常設性中英聯合小組，其任務是協調中英協議的執行、商談有關實現政權順利移交的具體措施。對此英方堅決反對，強調不要正式確定一九九七年前為"過渡時期"，不應建立任何常設機構，以免造成中英"共管"的印象。一九八四年四月英外交大臣傑弗里‧豪訪華，鄧小平會見他時說，在過渡時期內有很多事情要做，沒有一個機構怎麼行？表示可以考慮這個小組設在香港而輪流在香港、北京、倫敦開會。豪表示同意雙方在此基礎上討論。但在此後三個多月的會談中，英方仍反對在香港設立聯合小組，使談判陷入僵局。七月英外交大臣再次訪華，中方表示如英方同意設立聯合小組並以香港為常駐地，該小組進駐香港的時間以及一九九七年後是否繼續存在一段時間都可以商量。最後雙方商定，設立聯合聯絡小組，小組於一九八八年七月一日進駐香港，二〇〇〇年一月一日撤銷。

中英通過談判確定，中國收回香港、恢復行使主權，這一點在協議中必須有明確的表述。英方不接受中方對香港恢復行使主權的提法，先後提出的草案都具有三個不平等條約有效的含意，中方堅決不能接受。最後雙方同意用《聯合聲明》的形式，採用以下表述方式，即中國政府聲明："中華人民共和國政府決定於一九九七年七月一日對香港恢復行使主權。"英國政府聲明："聯合王國政府於一九九七年七月一日將香港交還給中華人民共和國。"這樣就解決了主權歸屬問題的表述。

　　此後，雙方代表團舉行了三輪會談，討論了國籍、民航、土地等幾個政策性和技術性都比較複雜的具體問題，並對協議的文字措辭進行了反覆磋商。一九八四年九月十八日雙方就全部問題達成協議，並於九月二十六日草簽了中英《聯合聲明》和三個附件。至此，為時兩年的中英兩國政府關於香港問題的談判圓滿結束。一九八四年十二月十九日中英兩國政府首腦在北京正式簽署了關於香港問題的聯合聲明。一九八五年五月二十七日，中英兩國政府在北京互換批准書，中英聯合聲明正式生效。——第 1 頁。

2　香港地區包括香港島、九龍和新界，總面積為一千零七十六平方公里，其中香港島面積七十九點七七平方公里，九龍面積十一點七平方公里，新界面積九百八十四點五三平方公里。據一九九二年底統計，香港總人口為五百九十萬。香港地區在英國佔領之前，隸屬中國廣東新安縣（後改為寶安縣，今深圳市）管轄。——第 1 頁。

3　**李鴻章**（一八二三 —— 一九〇一），安徽合肥人。晚清軍政重臣。一八七〇年起任直隸總督兼北洋大臣。他曾代表清政府主持簽訂了中英《煙台條約》、《中法新約》、中日《馬關條約》、《中俄密約》及《辛丑條約》等一系列割地賠款、喪權辱國的不平等條約。——第 2 頁

4　**鴉片戰爭**是一八四〇年至一八四二年資本殖民主義的英國對中國發動的侵略戰爭。從十八世紀末期起，英國把大量鴉片走私輸入中國，毒害中國人民並使中國白銀大量外流。一八三八年底清政府派林則徐為欽差大臣去廣州查禁鴉片煙。一八三九年六月林則徐下令當眾銷毀從英、美等國不法商人手中繳獲的鴉片二百三十多萬斤。一八四〇年，英國藉口保護通商，發動侵

華戰爭。清政府在戰爭中動搖妥協,只有部分軍隊同人民羣眾
一道奮起抵抗侵略者。英軍除先後在廣東、福建、浙江沿海騷
擾並入侵外,又攻佔吳淞,闖進長江,直逼南京,迫使清政府
在一八四二年八月簽訂了喪權辱國的《南京條約》。從此,中
國逐步淪為半殖民地國家。——第 7、28、42 頁。

5　指蔣介石和蔣經國父子。蔣介石(一八八七 —— 一九七五),
　浙江奉化人。前中國國民黨主席、總裁,國民黨政府總
　統。蔣經國 (一九一〇 —— 一九八八),蔣介石的長子,
　一九七五年蔣介石去世後繼任中國國民黨主席。一九七八年
　當選台灣國民黨政府 " 總統 "。——第 7、23 頁。

6　指中英兩國政府在一九八四年九月十八日就香港問題達成的
　協議。該協議於同年九月二十六日在北京草簽,十二月十九
　日由中英兩國政府首腦在北京正式簽署。協議包括一個主體
　文件:《中華人民共和國政府和大不列顛及北愛爾蘭聯合王國
　政府關於香港問題的聯合聲明》;三個附件:《中華人民共和
　國政府對香港的基本方針政策的具體說明》、《關於中英聯合
　聯絡小組》和《關於土地契約》。一九八五年五月二十七日,
　兩國政府在北京互換中英聯合聲明的批准書,聯合聲明從此
　生效。聯合聲明確認:中華人民共和國政府於一九九七年七
　月一日對香港恢復行使主權,英國政府將在同日把香港交還
　給中國。中國政府在聯合聲明中闡述了對香港的基本方針政
　策。主要有:設立直轄於中央人民政府的香港特別行政區,
　除外交和國防事務由中央人民政府管理外,香港特別行政區
　享有高度的自治權;香港現行的法律基本不變;香港特別行
　政區政府由當地人組成;香港的現行社會、經濟制度不變,
　生活方式不變;香港特別行政區將保持自由港和獨立關稅地

區的地位，保持國際金融中心的地位，保持財政獨立；香港
特別行政區可以"中國香港"的名義單獨地同各國、各地區
及有關國際組織保持和發展經濟、文化關係；香港社會治安
由香港特別行政區政府負責維持；中國政府的上述基本方針
政策五十年內不變。協議還就香港政權順利交接的有關事項
作了具體規定。——第 13、32 頁。

7　指一九八四年十月二十日在北京舉行的中國共產黨第十二屆
中央委員會第三次全體會議。全會通過了《中共中央關於經
濟體制改革的決定》。這個決定，總結了中國社會主義經濟
建設正反兩方面的經驗，特別是中共十一屆三中全會以來城
鄉經濟體制改革的經驗，根據馬克思主義基本原理同中國實
際相結合的原則，提出進一步貫徹執行對內搞活經濟、對外
實行開放的方針，加快以城市為重點的整個經濟體制改革的
步伐。決定指出改革的基本任務，是從根本上改變束縛生產
力發展的經濟體制，建立起具有中國特色的、充滿生機和活
力的社會主義經濟體制。它突破了把計劃經濟同商品經濟對
立起來的傳統觀念，指出中國社會主義經濟是公有制基礎上
的有計劃的商品經濟。這個決定，是指導中國經濟體制全面
改革的綱領性文件。全會還通過了《關於召開黨的全國代表
會議的決定》。——第 19 頁。

8　一九八四年五月四日，中共中央和國務院批准《沿海部分城
市座談會紀要》關於進一步開放沿海十四個港口城市的建
議。這十四個沿海城市是：天津、上海、大連、秦皇島、煙
台、青島、連雲港、南通、寧波、溫州、福州、廣州、湛江
和北海。——第 20 頁。

9　**撒切爾夫人**（一九二五——二〇一三），即瑪格麗特・希爾

達‧撒切爾，英國保守黨人。一九七九年至一九九〇年任英
國首相。一九八二年和一九八四年曾兩次以首相身份訪華，
一九八四年十二月訪華時同中國政府總理正式簽署了中英關
於香港問題的聯合聲明。——第 21 頁。

10　卡特，一九二四年生，美國民主黨人。一九七七年至
一九八一年任美國總統。——第 23 頁。

11　《與台灣關係法》是美國總統卡特於一九七九年四月十日簽署
生效的一項立法。一九七九年一月一日中美兩國正式建立外
交關係，同時美國政府宣佈與台灣斷交、終止美台"共同防
禦條約"、從台灣撤出美國軍隊。一月二十六日卡特總統提
出《與台灣關係法》議案，美國國會眾、參兩院分別於三月
二十八日、二十九日予以通過。《與台灣關係法》聲稱："美
國作出同中國建立外交關係的決定是以台灣的前途將以和平
方式決定這種期望為基礎的；凡是企圖以和平以外的方式來
解決台灣問題的努力，都將會威脅西太平洋地區的和平與安
全，引起美國的嚴重關注。"並提出要向台灣提供"防禦性
武器"，使之"保持抵禦會危及台灣人民的安全或社會、經
濟制度的任何訴諸武力的行為或其他強制形式的能力"。這
個法案繼續將台灣當作"國家"對待，違反了中美兩國建交
時雙方同意的原則以及美方的承諾，是對中國內政的公然干
涉。——第 23 頁。

12　明成祖即朱棣（一三六〇——一四二四），明朝第三代皇帝。
一四〇二年至一四二四年在位。年號"永樂"。——第 28 頁。

13　鄭和（一三七一——一四三三），雲南昆陽（今晉寧）人。
回族。明初入宮，後任內官監太監。一四〇五年至一四三三
年間，先後七次率領龐大船隊出使亞非各國，遍訪東南亞、

印度洋及紅海沿岸的三十多個國家和地區，最遠曾達非洲東
海岸及伊斯蘭教聖地麥加，史稱**鄭和下西洋**（明代稱今文萊
以西海域為西洋）。鄭和的遠航促進了中國與亞非各國間的
經濟、文化交流。——第 28 頁。

14　康指清朝第二代皇帝愛新覺羅‧玄燁的年號康熙（一六六二——
一七二二），乾指第四代皇帝愛新覺羅‧弘曆的年號乾隆
（一七三六——一七九五）。清朝初年，因鄭成功等在東南沿
海領導反清武裝鬥爭，清政府厲行海禁，嚴禁人民出海，嚴
格限制對外貿易。一六八三年清政府統一台灣後，才允許商
民造船出海，並於一六八五年指定澳門（後改廣州）、漳州、
寧波等地為對外通商口岸，允許外商來華貿易。後因西方殖
民者在中國境內進行非法活動，而日趨保守的清政府僅從消
極方面採取防範措施，於一七五七年關閉廣州以外各沿海口
岸，並制定了許多限制外商來華貿易的禁例，繼續實行閉關
鎖國的政策。這種局面一直持續到一八四〇年鴉片戰爭爆發
之前。——第 28 頁。

15　這裏指安徽省蕪湖市的一家個體戶，他僱工經營，製作和銷
售瓜子，稱為"**傻子瓜子**"，得以致富。——第 29 頁。

16　**陳雲**（一九〇五——一九九五），江蘇青浦（今屬上海）人。
一九二五年加入中國共產黨。是中共第六屆至第十二屆中央
委員，第六、七、八屆中央政治局委員。曾任中央書記處書
記，政務院副總理兼中央財經委員會主任，國務院副總理等
職。一九五六年在中共八屆一中全會上當選為中央政治局常務
委員、中央委員會副主席。一九七八年在中共十一屆三中全會
上當選為中央政治局常務委員、中央委員會副主席、中央紀律
檢查委員會第一書記。一九八七年在中共第十三次全國代表大

會上當選為中央顧問委員會委員，隨即在中央顧問委員會第一次全體會議上當選為中央顧問委員會主任。──第 30 頁。

17 一九八一年九月三十日，全國人民代表大會常務委員會委員長葉劍英發表的關於大陸和台灣實現和平統一的九條方針政策是："（一）為了盡早結束中華民族陷於分裂的不幸局面，我們建議舉行中國共產黨和中國國民黨兩黨對等談判，實行第三次合作，共同完成祖國統一大業。雙方可先派人接觸，充分交換意見。（二）海峽兩岸人民迫切希望互通音訊、親人團聚、開展貿易、增進了解。我們建議雙方共同為通郵、通商、通航、探親、旅遊以及開展學術、文化、體育交流提供方便，達成有關協議。（三）國家實現統一後，台灣可作為特別行政區，享有高度的自治權，並可保留軍隊。中央政府不干預台灣地方事務。（四）台灣現行社會、經濟制度不變，生活方式不變，同外國的經濟、文化關係不變。私人財產、房屋、土地、企業所有權、合法繼承權和外國投資不受侵犯。（五）台灣當局和各界代表人士，可擔任全國性政治機構的領導職務，參與國家管理。（六）台灣地方財政遇有困難時，可由中央政府酌情補助。（七）台灣各族人民、各界人士願回祖國大陸定居者，保證妥善安排，不受歧視，來去自由。（八）歡迎台灣工商界人士回祖國大陸投資，興辦各種經濟事業，保證其合法權益和利潤。（九）統一祖國，人人有責。我們熱誠歡迎台灣各族人民、各界人士、民眾團體通過各種渠道、採取各種方式提供建議，共商國是。"──第 33 頁。

18 這裏指一九八〇年五月中共中央和國務院決定在廣東省的深圳、珠海、汕頭和福建省的廈門四個城市設置的經濟特區和一九八四年五月中共中央和國務院決定對外開放的天津、上海、大連、秦皇島、煙台、青島、連雲港、南通、寧波、溫州、福州、廣州、湛江、北海等十四個沿海港口城市及海南行政區。一九八五年後，陸續又有一些沿海城市被劃為沿海經濟開放區。──第 35 頁。

19 一九八六年十二月中下旬，在資產階級自由化思潮一度泛濫的背景下，合肥、北京等地一些高等院校的少數學生出於各種情緒和緣由上街遊行，極少數別有用心的人從中進行反對共產黨的領導、反對社會主義道路的煽動，有的地方出現了擾亂交通秩序和違犯社會治安規定的情況。後經各地有關方面和學校當局的教育和疏導，事件逐漸平息。──第 37 頁。

20 指一九七八年十二月十八日至二十二日在北京舉行的中國共產黨第十一屆中央委員會第三次全體會議。會議的中心議題是討論全黨工作重點轉移的問題。全會批判了“兩個凡是”的錯誤方針，充分肯定必須完整地、準確地掌握毛澤東思想的科學體系；高度評價關於實踐是檢驗真理的唯一標準問題的討論，確定了解放思想、實事求是、團結一致向前看的指導方針；果斷地停止使用“以階級鬥爭為綱”這個不適用於社會主義社會的口號，作出把工作重點轉移到社會主義現代化建設上來的戰略決策；制訂了關於加快農業發展的決定；提出了健全社會主義民主和加強社會主義法制的任務；審查和解決了黨的歷史上一批重大冤假錯案和一些重要領導人的功過是非問題。全會還增選出中央領導機構的成員。這些在領導工作中具有重大意義的轉變，標誌着黨重新確立了馬克思主義的思想路綫、政治路綫和組織路綫。**十一屆三中全會**是建國以來中國共產黨歷史上具有深遠意義的偉大轉折。──第 45 頁。

書　　名	鄧小平論香港問題（第二版）
出　　版	三聯書店（香港）有限公司 香港北角英皇道 499 號北角工業大廈 20 樓 JOINT PUBLISHING (H.K.) CO., LTD. 20/F., North Point Industrial Building, 499 King's Road, North Point, Hong Kong
香港發行	香港聯合書刊物流有限公司 香港新界大埔汀麗路 36 號 3 字樓
印　　刷	美雅印刷製本有限公司 香港九龍觀塘榮業街 6 號 4 樓 A 室
版　　次	1993 年 11 月香港第一版第一次印刷 2018 年 4 月香港第二版第一次印刷 2020 年 4 月香港第二版第二次印刷
規　　格	大 32 開（140 × 203 mm）64 面
國際書號	ISBN 978-962-04-4219-3

© 1993, 2018 Joint Publishing (H.K.) Co., Ltd.
Published & Printed in Hong Kong

本書據《鄧小平文選》第三卷
（北京：人民出版社，1993 年 10 月）排印